W9-BGO-408

L'EXPOSITION | THE EXHIBITION

Matisse
Paires et séries
Pairs and series

Centre
Pompidou

Introduction

Introduction

Introduction

« *Une peinture est comme un jeu de cartes, vous devez savoir depuis le début ce que vous obtiendrez à la fin. Tout doit être travaillé à l'envers et fini avant même que l'on ait commencé.* » MATISSE

"*A painting is like a game of cards, you need to know from the outset what you will obtain at the end. Everything has to be done back to front and completed before it has even begun.*" MATISSE

Dès ses débuts, Matisse peint des doubles versions d'un même motif, dans des toiles de même format, selon deux ou plusieurs traitements formels nettement distincts. De l'analytique au synthétisme, du naturalisme à la stylisation, d'une couleur à l'autre, ces confrontations plastiques autour d'un même sujet, qui constitue un des traits réguliers et singuliers de l'œuvre d'Henri Matisse, ont pour objet l'exploration de la peinture elle-même.

Ainsi l'exposition propose un parcours chronologique à travers l'ensemble de son œuvre, de 1899 à 1952, en déclinaison de tableaux formant des paires ou des ensembles, depuis les *Natures mortes aux oranges* de 1899 jusqu'aux papiers découpés, en passant par les années radicales de 1907-1917 ou encore les années niçoises des années 1920-1930, permettant de saisir la dimension éminemment réflexive du travail de Matisse.

En travaillant sur le cadrage et la stylisation, l'artiste complexifie la notion de paire et introduit progressivement l'idée de la variation menant à l'ensemble de dessins de *Thèmes et variations*, un aboutissement conceptuel d'un automatisme nouveau. Matisse souligne ponctuellement la réflexivité de son travail à travers des représentations de l'atelier comme autant de mises en abyme de sa peinture.

Enfin, la construction de la série des papiers découpés des quatre *Nus bleus* de 1952 offre un raccourci parfait d'une quête de simplification de la forme, d'une expression essentielle et décorative. L'approche rétrospective à travers cette vision des paires et des séries permet d'éclairer le processus de création chez Matisse et d'en saisir toute la cohérence.

Matisse's earliest works already featured dual versions of a single motif, which though identical in format called upon two or more entirely separate formal approaches. Ranging from the analytical to the synthetic, from naturalism to stylisation and from one colour to another, these plastic confrontations around a common subject, one of the recurring and distinctive traits in Henri Matisse's œuvre, form pathways towards an exploration of painting itself.

The exhibition offers a chronological overview of the work as a whole, spanning the years 1899 to 1952, considered from the viewpoint of these pairs or ensembles – from the 1899 *Still Life with Oranges* to the paper cut-outs by way of the radical 1907–1917 years and the 1920s Nice period – and encapsulates the quintessentially reflexive aspect of Matisse's work.

Through a play on framing and stylisation, the notion of pair is rendered more complex, with the artist gradually introducing the idea of variation, leading to the series of drawings entitled *Themes and Variations*, the conceptual culmination of a new form of automatism. Matisse was to emphasise this reflexivity through specific depictions of his studio, expressing the *mise en abyme* of painting itself.

Lastly, the construction of the series of paper cut-outs featuring the four 1952 *Blue Nudes* perfectly sums up his quest into simplification of form and essential, decorative expression. The retrospective slant provided by these pairs and series does not simply shed light on Matisse's creative approach but captures its fundamental coherence.

Bureau d'Henri Matisse
du 132 boulevard de Montparnasse, 1945.
Photo : Hélène Adant,
Centre Pompidou,
Bibliothèque Kandinsky, Paris

Ces deux natures mortes de formats
et de compositions exactement identiques,
peintes au même moment, à Toulouse,
durant l'hiver 1898-1899, témoignent de la dualité
qui existe chez Matisse dès le début de son œuvre.
Dans *Nature morte, pommes et oranges*, Matisse
s'intéresse aux effets de la lumière sur les objets,
alors que dans *Nature morte aux oranges*,
les couleurs sont traitées en aplats. Il semblerait
que Matisse ait commencé par la version qui
présente un aspect inachevé pour aller vers celle
nettement plus élaborée dans son traitement.
Ce mode de travail, qui atteste de sa lecture
du traité de Signac, témoigne également
de l'importance de l'idée première qui détermine
son cheminement.

Nature morte aux oranges [Still Life with Oranges], 1898-1899
Huile sur toile
46,8 × 53,6 cm
MILDRED LANE KEMPER ART MUSEUM, WASHINGTON UNIVERSITY IN SAINT LOUIS
DON DE M. ET MME SYDNEY M. SCHOENBERG, JR., 1962

These two still lifes, identical in both size and composition and painted during the same period, in Toulouse during the winter of 1898–1899, encapsulate the duality expressed by Matisse from the outset of his artistic career. In *Still Life, Apples and Oranges*, Matisse explores the effect of light on objects, whereas in *Still Life with Oranges* the colours are applied in flat slabs. It would appear that Matisse started with the seemingly unfinished version before going on to concentrate on the more elaborately executed canvas. This approach, which clearly indicates that he had read Signac's treatise, also emphasises the significance of the initial idea in determining its future path.

Nature morte, pommes et oranges [Still Life, Apples and Oranges], 1898-1899
Huile sur toile
46,4 × 55,6 cm
THE BALTIMORE MUSEUM OF ART
THE CONE COLLECTION, FORMED BY DR. CLARIBEL CONE AND MISS ETTA CONE OF BALTIMORE, MARYLAND

Ces trois tableaux du pont Saint-Michel peints autour de 1900, forment une série importante, où se confrontent des approches stylistiques et esthétiques différentes. À partir de 1895, Matisse vit et travaille à Paris, au 19 quai Saint-Michel. Il partage son atelier de temps en temps avec son ami Albert Marquet, auquel il le cédera plus tard. De son atelier, la vue s'étend sur les quais de la Seine et le pont Saint-Michel. Il y peint notamment *Intérieur, bocal de poissons rouges* (1914), *Poissons rouges et palette* (1914-1915) et *Peintre dans son atelier* (1916).

These three pictures of the Pont Saint-Michel, painted around 1900, form a key series in which a number of different stylistic and aesthetic approaches are juxtaposed. From 1895, Matisse was living and working in Paris, at 19 quai Saint Michel, sharing his studio from time to time with his friend Albert Marquet, who later took it over. The view from the studio spanned the banks of the river Seine and the bridge of Saint-Michel. It was here that he painted, among others, *Interior with a Goldfish Bowl* (1914), *Goldfish and Palette* (1914–1915) and *The Painter in his Studio* (1916).

Pont Saint-Michel à Paris, effet de neige,
[Pont Saint-Michel in Paris, Snow Effect],
vers 1900
Huile sur toile, 60 × 73 cm
FONDATION COLLECTION E.G. BÜHRLE, ZURICH

Pont Saint-Michel,
vers 1901

Huile sur toile, 60,3 × 73 cm

SANTA BARBARA MUSEUM OF ART
BEQUEST OF WRIGHT S. LUDINGTON

Pont Saint-Michel,
vers 1900

Huile sur toile, 58 × 71 cm

CENTRE POMPIDOU, MUSÉE NATIONAL D'ART MODERNE, PARIS
DATION, 2001

La rencontre avec Signac, théoricien
de la méthode divisionniste, à Saint-Tropez,
en juillet 1904, forme une étape décisive
dans les recherches plastiques de Matisse.
Luxe, calme et volupté partage avec *Le Goûter*
le même point de vue, le soleil couchant au-delà
de la plage du golfe. On y retrouve également
les deux mêmes personnages, Amélie, l'épouse
de Matisse, et leur fils Jean. Si *Le Goûter* – le premier
des deux – évoque une rencontre directe avec
la lumière du Midi, *Luxe, calme et volupté* témoigne
de son expérience aussi brève que marquante de
la méthode pointilliste.

Matisse's encounter with Signac,
the theoretician of the divisionist technique,
in Saint-Tropez in July 1904, marked a turning point
in the former's plastic research. *Luxury, Calm
and Pleasure* shares the same view as *Afternoon Tea
(The Gulf of Saint-Tropez)*, as the sun sets over
the beach of the gulf. The paintings also feature
the same two figures: Amélie, the painter's wife,
and their son Jean. *Afternoon Tea (The Gulf of Saint-
Tropez)*, which was created first, evokes a direct
confrontation with Mediterranean light, whereas
Luxury, Calm and Pleasure marks the artist's seminal,
albeit brief, experience with Pointillism.

Le Goûter (Golfe de Saint-Tropez)
[Afternoon Tea (Gulf of Saint-Tropez)], 1904
Huile sur toile
65 × 50,5 cm
KUNSTSAMMLUNG NORDRHEIN-WESTFALEN, DÜSSELDORF

Luxe, calme et volupté [Luxury, Calm and Pleasure], 1904
Huile sur toile
98,5 × 118,5 cm
CENTRE POMPIDOU, MUSÉE NATIONAL D'ART MODERNE, PARIS
DATION EN 1982
DÉPÔT AU MUSÉE D'ORSAY EN 1985

Ces deux toiles de mêmes dimensions et à première vue quasiment identiques présentent une opposition importante entre une version en volumes du motif et un traitement plus en aplats de la même scène. Matisse peint *Le Luxe I* à Collioure, durant l'été 1907, avant de partir un mois pour l'Italie où il découvre les fresques de Giotto. À son retour, il expose l'œuvre au Salon d'automne de Paris sous le titre « Le Luxe (esquisse) ». Séparé de son tableau, il réalise alors, à l'aide d'une mise au carreau sur un dessin de même taille (carton conservé au Mnam), *Le Luxe II*, qui présente d'ailleurs de nombreuses caractéristiques de la peinture à fresque. Ces deux chefs-d'œuvre figurent parmi les exemples les plus aboutis de la double interprétation d'un même motif.

Le Luxe I [Luxury I], 1907
Huile sur toile
210 × 138 cm
CENTRE POMPIDOU, MUSÉE NATIONAL D'ART MODERNE, PARIS
ACHAT À L'ARTISTE EN 1945

These two canvases, although they are the same size and initially appear to be identical, actually represent a striking dichotomy between the version with its motif depicted in volume and its counterpart, featuring the same scene in flatter slabs of colour. Matisse painted *Luxury I* in Collioure during the summer of 1907, just before a one-month trip to Italy, where he was to discover the frescoes of Giotto. On his return, he showed the work at the Salon d'Automne in Paris under the title *Luxury (sketch)*. Once separated from his canvas, he squared up a drawing on the same scale (the cartoon is preserved in the Musée National d'Art Moderne) to produce *Luxury II*, which displays many of the characteristics of fresco painting. These two masterpieces are among the most accomplished examples of the dual interpretation of a single motif.

Le Luxe II [Luxury II], 1907
Détrempe sur toile
209,5 × 139 cm
STATENS MUSEUM FOR KUNST, COPENHAGUE
DON DE JOHANNES RUMP, 1928

Ces deux tableaux sont réalisés en Espagne, où Matisse séjourne quelques mois durant l'hiver 1910-1911. À Séville, étape importante de son voyage, il partage un atelier avec son ami le peintre espagnol Francisco Iturrino qui peint, dans deux compositions très proches, ce même motif selon deux cadrages différents. Commande du collectionneur Chtchoukine pour lequel Matisse vient de réaliser les deux panneaux *La Danse* et *La Musique*, ces deux natures mortes peintes simultanément ou immédiatement l'une après l'autre témoignent de l'influence directe des arts islamiques et espagnols sur son travail.

Matisse painted these two canvases in Spain, where he spent the winter of 1910–1911. In Seville, an important stage in his journey, he shared a studio with his friend, Spanish painter Francisco Iturrino, who depicted this same motif in two very similar but differently framed compositions. Commissioned by the collector Schukin, for whom Matisse had just completed the two panels entitled *Dance* and *Music*, these two still lifes, either painted simultaneously or straight after each other, illustrate the direct influence of Islamic and Spanish art on his work.

Nature morte (Séville)
[Still Life (Seville)], 1910-1911
Huile sur toile
90 × 117 cm
MUSÉE DE L'ERMITAGE, SAINT-PÉTERSBOURG
ANCIENNE COLLECTION SERGUEÏ CHTCHOUKINE

Nature morte (Espagne)
[Still Life (Spain)], 1910-1911
Huile sur toile
89 × 116 cm
MUSÉE DE L'ERMITAGE, SAINT-PÉTERSBOURG
ANCIENNE COLLECTION SERGUEÏ CHTCHOUKINE

En décembre 1910, Matisse écrit à sa femme Amélie : « Que dis-tu de mon idée de rester travailler un mois de plus à Séville, à Grenade ou à Tanger ? [...] Tout ce que je vois m'inspire beaucoup, tandis qu'à Paris, avec le ciel gris, je suis bien paralysé » (lettre du 2 décembre 1910, Archives Matisse). En janvier 1912, il embarque alors pour Tanger ; au printemps, il peint ces paysages du jardin de villa Brooks à la végétation luxuriante, dont il existe un troisième pendant d'une facture très fluide, réalisé après *La Palme* et avant *Les Acanthes*, dont la conception fut très laborieuse. Conçues comme un véritable ensemble, ces œuvres sont le reflet du souci permanent de Matisse de transposer en peinture l'ardeur qui est alors la sienne devant le motif.

In December 1910, Matisse wrote to his wife Amélie: "What do you think of my idea of staying on another month to work in Seville, Granada or Tangier? [...] Everything I see here inspires me so much, whereas in Paris, with its grey skies, I feel completely paralysed" (letter dated 2 December 1910, Matisse Archives). In January 1912, he set off for Tangier and painted these landscapes the following spring amid the lush vegetation of the Brooks Villa garden. He even created a third matching canvas, after *Palm Leaf* and before *Acanthus*, which despite its fluid execution proved particularly arduous in its conception. These paintings, designed as an ensemble, reflect Matisse's relentless determination to convey in pictorial terms his current passion for the motif.

La Palme [Palm Leaf], 1912
Huile et crayon sur toile
117,5 × 81,9 cm
NATIONAL GALLERY OF ART, WASHINGTON
CHESTER DALE FUND

Les Acanthes [Acanthus], 1912
Huile sur toile
115 × 80 cm

MODERNA MUSEET, STOCKHOLM
DON DE M. WALTER HALVORSEN EN 1917

Autour de l'été 1912, Matisse réalise ces deux natures mortes de très grandes dimensions autour du motif d'une des ses œuvres, *La Danse*. Le premier tableau, aux couleurs pâles et aux plans superposés est probablement une esquisse pour le deuxième tableau. *Capucines à La Danse I* qui indique l'idée de départ de la peinture a longtemps été considérée comme la seconde version des deux par la modernité qui en émane. Dans *Capucines à La Danse II*, réalisé dans un deuxième temps, Matisse reprend son sujet et modifie de manière considérable l'espace notamment en accentuant fortement les diagonales. L'œuvre est achetée par le marchand russe Chtchoukine pour la décoration de son palais moscovite où il est alors intégré dans un triptyque composé des œuvres *Conversation* (au centre) et *Coin de l'atelier.*

Around the summer of 1912, Matisse produced these two vast still lifes based on the motif of one of his works, *Dance.* The first canvas, with its pale colours and superimposed planes, probably served as a sketch for the second. *Nasturtiums with the Painting Dance I*, which illustrates the idea behind the original painting, was actually long considered to be the second version, because of the modernity it exudes. In the later *Nasturtiums with the Painting Dance II*, Matisse takes up the subject again but substantially modifies the space, lending particular emphasis to the diagonals. The work was bought by the Russian businessman Sergei Schukin to decorate his mansion in Moscow, where it was integrated within a triptych featuring the works *Conversation* (in the centre) and *Corner of the Artist's Studio.*

Capucines à La Danse I
[Nasturtiums with the Painting Dance I], 1912
Huile sur toile
191,8 × 115,3 cm
THE METROPOLITAN MUSEUM OF ART, NEW YORK
LEGS DE SCOFIELD THAYER, 1982

Capucines à La Danse II
[Nasturtiums with the Painting Dance II], 1912
Huile sur toile
192 × 114 cm

MUSÉE D'ÉTAT DES BEAUX-ARTS POUCHKINE, MOSCOU
ANCIENNE COLLECTION SERGUEÏ CHTCHOUKINE

Ces deux vues de Notre-Dame observée depuis l'atelier du quai Saint-Michel, où Matisse retourne en 1914, partagent le même sujet dans des formats identiques mais sont traitées selon deux systèmes picturaux contraires. Matisse réalise d'abord une œuvre descriptive et naturaliste d'une grande légèreté ; et, dans un second tableau totalement épuré, rien ne subsiste de la première version si ce n'est la structure géométrique de la cathédrale, seules lignes qui retiennent l'œuvre recouverte de bleu dans le registre figuratif. Cette « paire » laisse transparaître la lutte permanente que Matisse mène entre deux interprétations possibles du même motif.

These two views of Notre-Dame seen from the studio on the quai Saint-Michel, to which Matisse returned in 1914, despite sharing the same subject and an identical format, involve two opposing pictorial techniques. Matisse first produced a descriptive, naturalist, quintessentially light-hearted work; in the second, completely pared-down canvas, however, nothing remained of the first version, apart from the geometrical structure of the cathedral, its lines providing the only figurative element in the blue-drenched work. This "pair" allows one a glimpse of Matisse's constant struggle between two possible interpretations of a single motif.

Notre-Dame, 1914

Huile sur toile

147 × 98 cm

KUNSTMUSEUM SOLOTHURN, SOLEURE
DUBI-MÜLLER-STIFTUNG

Vue de Notre-Dame
[View of Notre-Dame], 1914
Huile sur toile
147,3 × 94,3 cm

THE MUSEUM OF MODERN ART, NEW YORK
ACQUIRED THROUGH THE LILLIE P. BLISS BEQUEST, AND THE HENRY ITTLESON, A. CONGER GOODYEAR,
MR AND MRS ROBERT SINCLAIR FUNDS, AND THE ANNA ERICKSON LEVENE BEQUEST GIVEN IN MEMORY
OF HER HUSBAND, DR PHOEBUS AARON THEODOR LEVENE, 1975

Au printemps 1914, Matisse revient sur un motif déjà abordé, celui des poissons rouges. À l'automne de la même année, il reprend les grandes lignes de son premier tableau *Intérieur, bocal de poissons rouges* en y introduisant la présence du peintre : « C'est mon tableau des *Poissons rouges* que je refais avec un personnage qui a la palette à la main et qui observe (harmonie brun-rouge) », explique-t-il dans une lettre adressée à Charles Camoin. La silhouette du peintre est extrêmement stylisée, la fenêtre n'offre plus aucune vue sur la ville, et une bande verticale noire domine la composition. La présence physique de l'artiste matérialise la dualité des versions intériorisée et extériorisée du même tableau.

In the spring of 1914, Matisse returned to one of his earlier motifs, goldfish. That same autumn, while retaining the broad outlines of his previous composition *Interior with a Goldfish Bowl*, he introduced the figure of the painter: "I am redoing my *Goldfish* picture with a character holding a palette and looking on (brown-red harmony)", he explained in a letter to Charles Camoin. The silhouette of the painter is extremely stylised, the window no longer provides the slightest view of the city and a vertical black band now dominates the whole composition. The physical presence of the artist lends substance to the duality between these inward – and outward – looking versions of the same painting.

Intérieur, bocal de poissons rouges
[Interior with a Goldfish Bowl], 1914
Huile sur toile
147 × 97 cm

CENTRE POMPIDOU, MUSÉE NATIONAL D'ART MODERNE, PARIS
LEGS DE LA BARONNE EVA GOURGAUD AUX MUSÉES NATIONAUX, 1965

Poissons rouges et palette
[Goldfish and Palette], 1914
Huile sur toile
146,5 × 112,4 cm
THE MUSEUM OF MODERN ART, NEW YORK
DON DE FLORENE M. SCHOENBORN ET SAMUEL A. MARX, 1964

Marguerite au chapeau de cuir
[Marguerite with a Leather Hat], 1914
Huile sur toile
82 × 65 cm
MUSÉE MATISSE, LE CATEAU-CAMBRÉSIS
LEGS DE MARIE MATISSE, 1952

Marguerite à la veste rayée
[Marguerite with Striped Jacket], 1914-1915
Huile sur toile
123,6 × 68,4 cm
BRIDGESTONE MUSEUM OF ART, TOKYO

En septembre 1914, Matisse part pour Collioure, où il retrouve Juan Gris. Les tableaux qu'il réalise alors sont très marqués par la réflexion menée au même moment par Picasso, Braque et Gris autour du cubisme. La série des portraits de Marguerite, la fille aînée du peintre, est l'exemple le plus éloquent de cette assimilation progressive du langage cubiste. La chronologie des ces portraits (dont il existe deux autres versions de la même période) est très difficile à définir mais la démonstration n'en est pas moins éloquente.

In September 1914 Matisse left for Collioure, where he met up with Juan Gris. The canvases he produced during this period strongly reflect the Cubist preoccupations of his fellow-artists Picasso, Braque and Gris. The series of portraits of Marguerite, the artist's daughter, is the most eloquent expression of this gradual assimilation of the Cubist lexicon and although the chronology of the portraits (two other versions exist from the same period) is difficult to determine, has lost nothing of its impact.

Tête blanche et rose
[White and Pink Head], 1914-1915
Huile sur toile
75 × 47 cm
CENTRE POMPIDOU, MUSÉE NATIONAL D'ART MODERNE, PARIS
ACHAT EN 1976

Si les deux toiles sont proches par leurs dimensions et leur thème, elles présentent d'importantes différences dans le traitement. L'une, détaillée et naturaliste, se caractérise par des touches de peinture larges et épaisses, tandis que l'autre est plus sommaire et abstraite. Dans chacune de ces œuvres, Matisse explore deux techniques différentes à une même fin, celle de trouver des équivalents picturaux aux effets de la lumière sur l'espace, les volumes et la matière.

Although these two canvases are similar in size and subject-matter, they show significant discrepancies in treatment. One is detailed and naturalist, characterised by thick, wide sweeps of paint, while the other is more condensed and abstract. In each of his works, Matisse explores two different techniques but with a single motive: to find pictorial equivalents of light effects on space, volume and matter.

Les Pommes [Apples], 1916
Huile sur toile
116,8 × 89,4 cm
THE ART INSTITUTE OF CHICAGO, CHICAGO
DON DE FLORENE MAY SCHOENBORN ET DE SAMUEL A. MARX

Les Pommes sur la table, fond vert
[Bowl of Apples on a Table, Green Background], 1916
Huile sur toile
114,9 × 80,5 cm
THE CHRYSLER MUSEUM OF ART, NORFOLK
DON DE WALTER P. CHRYSLER, JR.

Dans cet ensemble réalisé à l'hiver 1916-1917, Matisse propose une mise en abyme de sa propre peinture. Lorette, le modèle qui pose pour Matisse à cette époque, est ici démultipliée. Sur une première toile, elle apparaît sensuelle et sereine dans une robe verte. Matisse reprend la composition et la peint cette fois posant face à lui sur le fauteuil rose se détachant à contre-jour sur le fond noir de l'atelier, exactement semblable à son reflet en cours de réalisation sur le chevalet. Dans ce système complexe, Matisse convoque la notion de picturalité et interroge le rapport entre le peintre et sa modèle.

In this ensemble produced during the winter of 1916–1917, Matisse calls upon the technique of *mise en abyme*, a painting within a painting. Lorette, the model who was posing for him at the time, is depicted through multiplication. In an initial canvas, she appears sensual and serene in a green dress. Matisse then takes up the same composition but places her facing him on a pink armchair, sharply backlit by the black background of the studio, thereby providing an exact replica of the portrait-in-progress on the easel. Through this complex system, Matisse tackles the notion of pictoriality and also questions the relationship between painter and model.

Lorette sur fond noir, robe verte [Lorette with a Green Dress, Black Background], 1916
Huile sur toile
73 × 55 cm
THE METROPOLITAN MUSEUM OF ART, NEW YORK
THE JACQUES AND NATASHA GELMAN COLLECTION, 1998

Le Peintre dans son atelier
[The Painter in his Studio], 1917
Huile sur toile
146,5 × 97 cm

CENTRE POMPIDOU, MUSÉE NATIONAL D'ART MODERNE, PARIS
ACHAT DES MUSÉES NATIONAUX EN 1945

Dans des accords de couleurs et de compositions très proches de la « paire » des *Capucines à La Danse*,
Matisse interroge l'idée première de son œuvre et donne deux possibilités différentes pour un même motif.
La vue frontale et l'absence du contexte (table, mur de l'atelier...) de la composition entraînent la première version
dans un vocabulaire presque cubiste de la nature morte. L'espace bousculé, plus descriptif, et le fond bleu très vif
de la seconde rappellent, en revanche, les grandes compositions arcadiennes des années 1910. À l'instar de
Cézanne, Matisse compose ses natures mortes avec l'une de ses sculptures le *Nu couché* de 1907, qu'il met en scène
dans des toiles célèbres telles que *La Leçon de musique* et *Poissons rouges et sculpture* dont il existe trois versions.

In a spectrum of colour and composition closely resembling the "pair" known as *Nasturtiums with the Painting
"Dance"*, Matisse questions the founding premise of his work, offering two different possibilities for a single motif.
The composition's frontal view and lack of context (the table or the wall of the studio...) apply an almost Cubist
lexicon to the first version. The busy, more descriptive space and bright blue background of the second,
on the other hand, hark back to the major Arcadian compositions he painted around 1910. Like Cézanne,
Matisse arranged his still lifes using one of his sculptures, the 1907 *Reclining Nude*, featuring it in renowned canvases
such as *The Music Lesson* and *Goldfish and Sculpture*, which exists in three different versions.

Nature morte au lierre [Still Life with Ivy], vers 1916

Huile sur toile
60 × 73 cm

CENTRE POMPIDOU, MUSÉE NATIONAL D'ART MODERNE, PARIS
DONATION GEORGE ET ADÈLE BESSON, 1963
DÉPÔT AU MUSÉE DES BEAUX-ARTS ET D'ARCHÉOLOGIE DE BESANÇON

Sculpture et vase de lierre
[Sculpture and Vase of Ivy], vers 1916

Huile sur toile
73 × 92 cm

THE TIKANOJA ART MUSEUM, VAASA, FINLANDE

Le Violoniste à la fenêtre
[Violinist at the Window], 1918
Huile sur toile
150 × 98 cm
CENTRE POMPIDOU, MUSÉE NATIONAL D'ART MODERNE, PARIS

L'année 1917 est une période de recherches intenses et un tournant décisif dans l'évolution de la peinture de Matisse. En témoigne *La Leçon de musique*, qui constitue la reformulation de son pendant *La Leçon de piano*, réalisé un an auparavant (voir p. 56). Si la famille Matisse apparaît là au complet, elle est sur le point de se disperser : en décembre 1917, Matisse part s'installer seul à Nice, où il passera désormais la moitié de l'année. Ces deux toiles se répondent par leur sujet, autoportraits déguisés, métaphore de la peinture ou simple intérieur. Chefs-d'œuvre de la période niçoise, elles mettent en évidence l'« importance considérable que prend alors le thème de la fenêtre avec ses persiennes fermées, ouvertes, entrouvertes, qui filtrent la lumière et, laissant entrer plus ou moins d'espace concret dans le tableau, permettent à l'artiste d'exprimer à la fois son attirance pour la profondeur et son goût de l'intimité décorative » (André Fermigier, « Matisse et son double », *La Revue de l'art*, 1971).

1917, a year of intense research, marked a turning point in Matisse's artistic development. This is epitomised by *The Music Lesson*, which took a new slant on its counterpart *The Piano Lesson*, produced the year before (see p. 56). Although the latter depicted the entire Matisse family, by December 1917 its members had disbanded, and Matisse had moved away to live on his own in Nice, where he was to spend six months of the year. The two canvases echo one another in their subject-matter: masked self-portrait, painting metaphor or simple interior. These masterpieces of the Nice period highlight the "paramount role now played by the theme of the window, its shutters closed, open or ajar to let the light filter through, enabling the artist to convey his fascination with depth and his taste for intimate decors by allowing varying degrees of concrete space into the canvas" (André Fermigier, "Matisse et son double", *La Revue de l'art*, 1971).

Intérieur au violon
[Interior with a Violin], 1917-1918
Huile sur toile
116 × 89 cm
STATENS MUSEUM FOR KUNST, COPENHAGUE

Durant l'été 1920, Matisse séjourne à Étretat,
où il peint plusieurs toiles de petite taille, parmi
lesquelles se distinguent ces trois paysages.
En choisissant le motif emblématique des falaises
d'Étretat, Matisse se place dans la lignée de
la tradition de la peinture française du XIXᵉ siècle.
Cinquante ans plus tôt, Claude Monet, alors
âgé de 42 ans, arrivait à Étretat pour tenter
de peindre cette vue « après Courbet qui l'a faite
admirablement ». En octobre 1920, les trois œuvres
sont présentées à la Galerie Bernheim-Jeune,
qui inaugure l'exposition des œuvres récentes
de Matisse, immédiatement saluée
comme l'un des événements artistiques
les plus importants de la saison.

Matisse spent part of summer 1920 in Etretat,
where he painted a number of small canvases,
including these three remarkable landscapes.
In choosing the emblematic motif of the Etretat
cliffs, Matisse was following the grand tradition
of nineteenth-century French painting. Fifty years
earlier, Claude Monet, then aged 42, had journeyed
to Etretat in order to paint the same scene "after
Courbet, who did it so admirably". In October 1920,
the three paintings were shown at the Galerie
Bernheim-Jeune to mark the launch of an
exhibition of Matisse's latest works, immediately
hailed as one of the major events of the season.

Grande Falaise, les poissons
[Large Cliff, the Fish], 1920
Huile sur toile
93,1 × 73,3 cm
THE BALTIMORE MUSEUM OF ART
THE CONE COLLECTION, FORMED BY DR. CLARIBEL CONE AND MISS ETTA CONE OF BALTIMORE, MARYLAND

Grande Falaise, le congre
[Large Cliff, the Conger Eel], 1920
Huile sur toile
91 × 72 cm
COLUMBUS MUSEUM OF ART (OHIO)
DON DE FERDINAND HOWALD
ANCIENNE COLLECTION JOHN QUINN

Grande Falaise, les deux raies
[Large Cliff, the Two Rays], 1920
Huile sur toile
93 × 73 cm
NORTON MUSEUM OF ART, WEST PALM BEACH, FLORIDE
LEGS DE R.H. NORTON

Dans les années 1920, au contact de Renoir notamment, l'œuvre de Matisse est marquée par un retour au paysage et plus encore aux scènes d'intérieur composées. Parmi les peintures qu'il réalise en 1925 à Nice, les plus caractéristiques sont ces natures mortes de grandes dimensions dont il existe plusieurs variantes. La construction de l'espace, les accords de couleurs et la luxuriance du motif témoignent de l'importance que Matisse porte au décoratif. Les natures-mortes conçues l'année précédente – très proches de celles-ci – lui valurent de remporter en 1927, un des prix internationaux les plus prestigieux, le prix Carnegie.

In the 1920s, influenced to a large extent by Renoir, Matisse's work marked a return to landscape painting but above all to compositions depicting interior scenes. The most characteristic of the paintings he produced in Nice in 1925 were the large-format still lifes featured here, of which he made a number of variations. The construction of space, harmony of colours and lushness of motif all illustrate Matisse's love of the decorative style. In 1927, the still lifes he had produced the previous year – which bear a strong resemblance to the ones featured here – won the Carnegie Prize, one of the art world's most prestigious awards.

Nature morte, nappe rose,
vase d'anémones, citrons et ananas
[Still Life, pink tablecloth, vase of anemones,
lemons and pineapple], 1925
Huile sur toile
80 × 100 cm
COLLECTION PARTICULIÈRE

Nature morte (ananas, compotier, fruits, vase d'anémones)
[Still Life (pineapple, bowl, fruit, vase of anemones)], 1925
Huile sur toile
80,6 × 99,7 cm
PHILADELPHIA MUSEUM OF ART
GIFT OF HENRY P. MCILHENNY, 1964

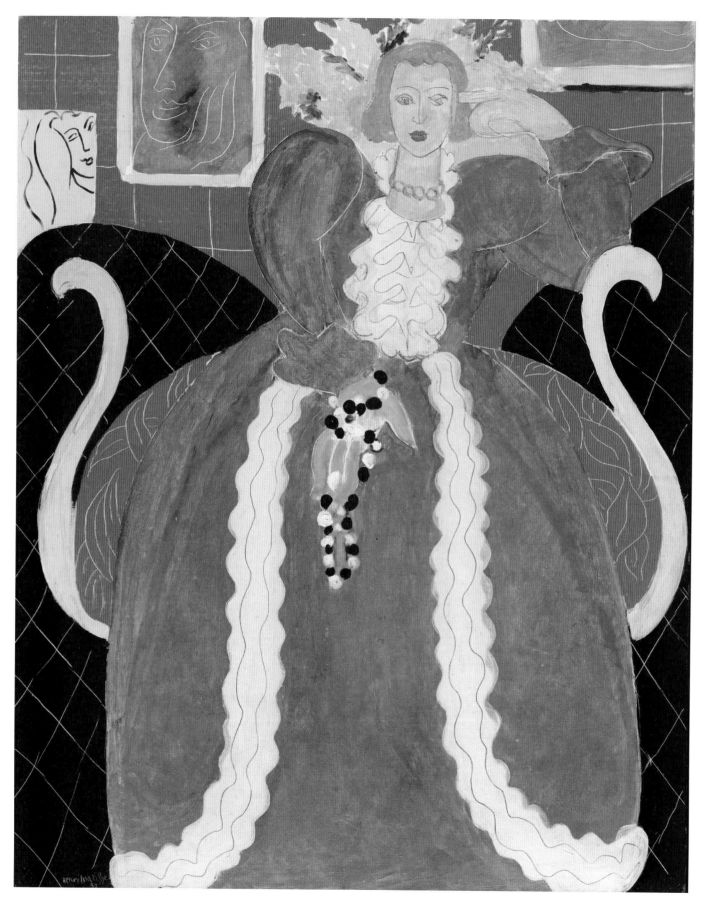

Le modèle pour ces deux compositions est Lydia Delectorskaya, qui a travaillé en étroite collaboration avec Henri Matisse au cours des vingt dernières années de sa vie. Comme en témoignent les titres des deux œuvres, la robe qu'elle porte constitue le sujet même de la peinture. Grâce aux différents états photographiés de la peinture, nous savons que Matisse a travaillé la *Robe bleue, profil devant la cheminée, aux soucis* les 1er, 4 et 5 mars 1936 précisément pendant qu'il peignait *La Grande Robe bleue et mimosas* commencée le 26 février et achevée à la fin du mois d'avril 1936. Les photographies révèlent aussi la ressemblance des œuvres durant leur élaboration.

The model for these two compositions is Lydia Delectorskaya, who worked closely with Henri Matisse for the last twenty years of his life. As their titles indicate, the dress she is wearing forms the actual subject of the painting. Thanks to photographs taken at different stages of the work-in-progress, we know that Matisse worked on *Blue Dress profile in front of fireplace with marigolds* on 1st, 4th and 5th March 1936 precisely, while painting *Large Blue Dress and Mimosa*, which he had begun on 26th February and was to complete in April that same year. The photographs also reveal the similarities between the works during the creative process.

La grande robe bleue et mimosas
[The Large Blue Dress and Mimosa], 1937
Huile sur toile
92,7 × 73,57 cm
PHILADELPHIA MUSEUM OF ART
GIFT OF MRS. JOHN WINTERSTEEN, 1956

Robe bleue, profil devant la cheminée, aux soucis
[Blue Dress, profile in front of fireplace with marigolds], 1937
Huile sur toile
81 × 60 cm
HENIE ONSTAD KUNSTSENTER, HØVIKODDEN

Réalisées en juillet et en août 1939,
Les Marguerites et *Liseuse sur fond noir* rassemblent
selon la même composition deux espaces distincts.
Des éléments de la réalité, le modèle et ce qui
compose le décor, se mêlent à des images déjà
constituées, comme celle du miroir ou le dessin
de nu accroché au mur. Matisse met en place un jeu
complexe de répétitions, de reflets, et installe
un espace de réflexivité de la peinture.
Le fond noir joue un rôle essentiel en synthétisant
les combinaisons de carrés, rectangles,
aplats de couleurs et courbes du personnage
qui construisent l'espace.

Daisies and *Woman Reading, Black Background*,
which Matisse painted in July and August 1939,
bring together two distinct spaces in a single
composition. Elements pertaining to the real world,
such as the model and decor, are blended into
already existing images, like the mirror or the
drawing of the nude hanging on the wall. Matisse
has set up a complex play on repetition and
reflection, creating a space for reflexivity on
painting. The black background plays an essential
role here, by synthesising the combinations of
squares, rectangles and flat colour slabs, as well
as the curves of the model, all of which combine
to structure the space.

Les Marguerites [Daisies], 1939
Huile sur toile
98 × 71,8 cm
THE ART INSTITUTE OF CHICAGO
DON DE HELEN PAULING DONNELLEY EN MÉMOIRE DE SES PARENTS, MARY FREDERICKA ET EDWARD GEORGE PAULING

Liseuse sur fond noir [Woman Reading, Black Background], 1939
Huile sur toile
92 × 73,5 cm
CENTRE POMPIDOU, MUSÉE NATIONAL D'ART MODERNE, PARIS
ACHAT DES MUSÉES NATIONAUX EN 1945

La Blouse roumaine et Le Rêve forment l'une des paires les plus ambitieuses de l'œuvre de Matisse. Ces deux toiles jumelles, liées par un même motif, celui d'une blouse roumaine, ont été achevées respectivement en avril et en octobre 1940. Nous disposons pour cet ensemble de nombreuses photographies des états successifs des deux peintures en cours d'élaboration (pratique à laquelle Matisse a recours en 1935 pour la première fois). Ces états photographiques permettent de voir comment le peintre élimine, au fil des séances de travail, des éléments décoratifs de La Blouse roumaine pour arriver à son aspect définitif. Dans un travail très proche, Le Rêve est également dépouillé progressivement de ses détails. En décembre 1945, Matisse propose à la Galerie Maeght, une très étonnante exposition, quasi conceptuelle, où sont présentées six œuvres récentes entourées de leurs états photographiques agrandis et encadrés, comme autant de séries spectrales.

The Romanian Blouse and The Dream make up one of the most ambitious pairs in Matisse's entire œuvre. These twin canvases, linked by the same motif, that of a Romanian blouse, were completed in April and October 1940 respectively. A number of photographs have been preserved, showing the successive stages of the works-in-progress, a technique first used by Matisse in 1935. These photographic accounts demonstrate how the artist eliminated the decorative elements in The Romanian Blouse as the painting sessions progressed, in order to achieve its ultimate aspect. In a very similar vein, The Dream was also gradually stripped of these details. In December 1945, Matisse presented the Galerie Maeght with a startling, almost conceptual, exhibition including six recent works surrounded by their enlarged, framed photographic testimonials, like so many spectral series.

La Blouse roumaine [The Romanian Blouse], 1939-1940
Huile sur toile
92 × 73 cm
CENTRE POMPIDOU, MUSÉE NATIONAL D'ART MODERNE, PARIS
DON DE L'ARTISTE PAR DÉCLARATION DU 21 OCTOBRE 1949

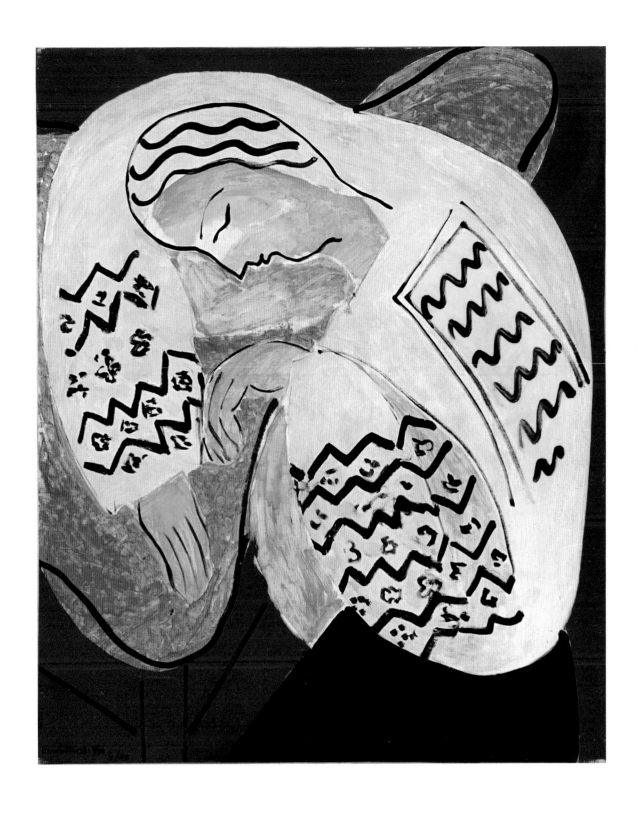

Le Rêve [The Dream], 1940
Huile sur toile
81 × 65 cm
COLLECTION PARTICULIÈRE

« Je me crois arrivé au bout de ce que je puis faire dans ce sens abstrait –
à force de méditations, de rebondissements sur différents plans d'élévation,
de dépouillement [...]. Présentement je ne puis aller plus loin. » MATISSE

*"I believe I have reached my limit with this abstract approach – mulling
it over, grasping it from every conceivable angle, paring it down [...].
At present, I feel I have gone as far as I can go."* MATISSE

Nature morte au coquillage (Nature morte à la cafetière)
[Still Life with Shell (Still Life with Coffee Pot)], 1940
Collage-ficelle, papiers gouachés et découpés, ficelle, papier calque
59,9 × 91,4 cm
COLLECTION PARTICULIÈRE

Nature morte au coquillage
[Still Life with Shell], 1940
Huile sur toile
54 × 81 cm
MUSÉE D'ÉTAT DES BEAUX-ARTS POUCHKINE, MOSCOU
ANCIENNE COLLECTION SERGUEÏ CHTCHOUKINE

La version à l'huile de la *Nature morte au coquillage*, commencée le 25 septembre 1940 et achevée
le 4 décembre de la même année, a donné lieu à un grand nombre de dessins préparatoires révélant
comment chacun des éléments qui la composent a fait l'objet d'une étude spécifique – comme pour
Nature morte au Magnolia (voir p. 44). Cependant, c'est une toile qui a d'abord permis ce travail préparatoire,
la deuxième *Nature morte au coquillage*, réalisée en décembre par collage et assemblage de papiers coloriés
ou gouachés. Cette étude d'un genre nouveau, considérée comme une œuvre autonome,
fut expérimentée pour la première fois par Matisse lors de la réalisation des deux versions de *La Danse*
(commande d'Albert Barnes, 1930-1933).

The oil version of *Still Life with Shell*, started on 25th September 1940 and completed on 4th December
that same year, gave rise to a substantial number of preparatory drawings, revealing the specific research that
went into each of its component parts, as in *Still Life with Magnolia* (see p. 44). It was actually a canvas that
paved the way for this preparatory work, however, namely the second *Still Life with Shell*, created in December
using collage and an assortment of coloured or gouached papers. The novel approach for this study, which
is considered a work in its own right, was first tried out by Matisse when creating his two versions of *The Dance*
(commissioned by Albert Barnes, 1930–1933).

Nature morte au magnolia [Still Life with Magnolia], 1941

Huile sur toile

74 × 101 cm

CENTRE POMPIDOU, MUSÉE NATIONAL D'ART MODERNE, PARIS

ACHAT DES MUSÉE NATIONAUX EN 1945

Depuis 1935, Matisse fait photographier ses tableaux à mesure qu'il les peint et à chaque fois qu'il estime être arrivé à un résultat satisfaisant. Reprenant son œuvre le lendemain, il peut ainsi faire saisir une succession d'états comme autant d'étapes majeures de la genèse de l'œuvre. *Nature morte au magnolia* est une composition mûrement réfléchie par une quantité de dessins préliminaires, et dont le processus long de création est documenté par cinq photographies d'états. Souhaitant donner à voir cette réflexion complexe pour des œuvres à « l'apparente facilité », Matisse expose l'œuvre et les photographies d'états agrandies lors de l'exposition à la Galerie Maeght en décembre 1945.

Since 1935, Matisse had been taking photographs of his paintings as he went along and whenever he felt he had achieved a satisfactory result. He would continue working on the same canvas the following day, with this succession of photographic accounts allowing him to depict the major stages in the genesis of a work. *Still Life with Magnolia*, a composition which was meticulously prepared by a sheaf of preliminary drawings, saw its lengthy creative process documented by five such photographs. Determined to underline the intellectual complexity behind the creation of "seemingly straightforward" works, Matisse showed the work alongside its enlarged photographic testimonials at his Galerie Maeght exhibition in December 1945.

« Au Salon [...] la nature morte rouge, celle que j'ai appelée
Nature morte au magnolia. *Depuis plusieurs années,
c'est mon tableau préféré. [...] Je pense avoir donné le maximum
de ma puissance.* » MATISSE

"At the Salon [...] the red still life, the one I entitled
Still Life with Magnolia. *This has been my favourite picture
for a number of years. [...] I feel my force is spent.*" MATISSE

Vase de fleurs [Vase of Flowers], 1941
Encre sur papier
52,5 × 40 cm
COLLECTION PARTICULIÈRE

Nature morte [Still Life], 1941
Dessin, plume et encre sur papier
40,6 × 52,2 cm
COLLECTION PARTICULIÈRE

« La chambre claire » à Cimiez
["The Light Room" in Cimiez],
photo: Bérard, Centre Pompidou,
Bibliothèque Kandinsky, Paris

« *Une cinématographie des sentiments d'un artiste.* »   MATISSE

"*A motion picture film of the feelings of an artist.*"   MATISSE

Thèmes et variations regroupe des dessins
réalisés par Matisse dans son appartement-atelier
de l'hôtel Régina, à Nice en 1941-1942. En février
1943, il rassemble 158 dessins, divisés en dix-sept
séries distinguées par des lettres de A à P dans
un ouvrage éponyme introduit par un long texte
d'Aragon, « Matisse-en-France ». Soucieux de
montrer le processus de création, Matisse réalise
ici un projet didactique. Le corps féminin et
les objets domestiques composent un double
répertoire. Des photographies de son atelier
montrent les dessins accrochés du sol au plafond
et sur toute la longueur d'une pièce qu'Aragon
appela la « chambre claire ». En 1948, Matisse fit don
de bon nombre de ces dessins à différents musées
français.

Themes and Variations collates the drawings
produced by Matisse in his studio/apartment at
the Régina Hotel in Nice between 1941 and 1942.
In February 1943, he put together 158 drawings,
divided into seventeen series under the heading
A to P, which he published in an eponymous work
prefaced by Aragon in a long text entitled "Matisse-
en-France". In his determination to explain
the creative process, Matisse opted for a didactic
approach. The female body juxtaposed
with objects from everyday life formed a double
repertoire. Photographs of his studio show drawings
hanging from floor to ceiling and spanning the
entire length of a room Aragon termed "the light
room". In 1948, Matisse donated a large number
of these drawings to various French museums.

Intérieur à la fenêtre au palmier
[Interior with a Window and Palm Tree], 1948
Pinceau et encre de Chine sur papier
105 × 75 cm
COLLECTION PARTICULIÈRE

Le *Grand intérieur rouge* clôt la dernière série peinte de Matisse qui débuta en 1946 avec *Intérieur jaune et bleu* (voir p. 59). Matisse manifeste dans cet *Intérieur* – le plus synthétique de tous – la réflexivité de son travail à travers la représentation d'une peinture et d'un grand dessin à l'encre au mur, sorte de mise en abyme de sa peinture. Cette confrontation est à nouveau voulue par Matisse lors de l'accrochage de l'exposition de cette dernière saison de peinture au Musée national d'art moderne en 1949 pour lequel il fut très investi.

The Big Red Interior completed the last series of paintings by Matisse, which he had begun in 1946 with *Yellow and Blue Interior* (see p. 59). In this *Interior* – the most synthetic of them all – Matisse portrayed the reflexivity of his work by depicting a painting and a large ink drawing on the wall, a form of *mise en abyme*, a painting-within-a-painting. Matisse sought to juxtapose them once again when hanging the exhibition of this final season at the Musée national d'art moderne in 1949, a task he took very much to heart.

Grand atelier rouge
[*The Big Red Studio*], 1948
Huile sur toile
146 × 97 cm
CENTRE POMPIDOU, MUSÉE NATIONAL D'ART MODERNE, PARIS
ACHAT DE L'ÉTAT EN 1950

La création de ces deux intérieurs est circonscrite par la réalisation de deux projets majeurs de la carrière de Matisse, le livre *Jazz*, réalisé à partir de gouaches découpées, publié et vendu avec grand succès, et le début du vaste projet architectural et décoratif de la chapelle des Dominicaines de Vence. La cohérence de ces œuvres, où sont associées une fenêtre ouverte sur un palmier, à l'extérieur, et une nature morte, à l'intérieur de l'atelier, témoigne d'une synthèse monumentale et de la dimension éminemment réflexive du peintre, qui caractérisent également l'ensemble des peintures réalisées à Vence à la fin des années 1940.

The creation of these two interiors was circumscribed by the execution of two major landmarks in Matisse's career, the publication entitled *Jazz*, produced from gouache cut-outs, which proved to be a huge success, and the beginning of his vast architectural and decorative project for the Dominican Chapel in Vence. The coherent aspect of these works, in which a window opening on to a palm tree outside is associated with a still life within the studio, highlight remarkable synthesis but also the eminently reflexive aspect of the artist, which typify the entire ensemble of paintings he created in Vence in the late 1940s.

La Fougère noire [The Black Fern], 1948
Huile sur toile
116,5 × 89,5 cm
FONDATION BEYELER, RIEHEN / BÂLE

« *Malgré mon habituelle prudence,
je me suis laissé aller sur la pente
glissante de l'aventure.* » MATISSE

"*Despite my characteristic caution,
I ventured forth on the slippery
slope of adventure.*" MATISSE

*Intérieur au rideau égyptien
[Interior with Egyptian Curtain]*, 1948
Huile sur toile
116,2 × 89,2 cm
THE PHILLIPS COLLECTION, WASHINGTON
ACQUIRED, 1950

Nu bleu I [Blue Nude I], 1952
Papiers gouachés, découpés et collés
106 × 78 cm
FONDATION BEYELER, RIEHEN / BÂLE NICE-CIMIEZ,

Nu bleu II [Blue Nude II], 1952
Papiers gouachés découpés et collés sur
papier blanc marouflé sur toile
116,2 × 88,9 cm
CENTRE POMPIDOU, MUSÉE NATIONAL D'ART MODERNE, PARIS
ACHAT EN 1984

Les grandes compositions en gouaches découpées vont occuper Matisse durant les dernières années de sa carrière. En 1952, il travaille pendant plusieurs mois à la réalisation des *Nus bleus*, une série sur un thème de la figure, motif essentiel de l'œuvre de Matisse. Représentée avec une grande économie de moyens – des découpages de papier peints à la gouache bleue – l'ensemble se décline en quatre variations de la position du personnage. Les numéros attribués aux *Nus bleus* correspondent vraisemblablement à l'ordre dans lequel ils ont été réalisés par Matisse. Nous savons toutefois que le *Nu bleu IV*, qui a bien été terminé le dernier, a été commencé le premier. Cet élément essentiel résume l'essence même du processus de création de Matisse : l'idée première comme condition d'existence des œuvres.

Nu bleu III [Blue Nude III], 1952
Papiers gouachés découpés et collés sur papier blanc marouflé sur toile
112 × 73,5 cm
CENTRE POMPIDOU, MUSÉE NATIONAL D'ART MODERNE, PARIS
ACHAT EN 1982

Nu bleu IV [Blue Nude IV], 1952
Papiers gouachés, découpés, collés et fusain sur papier
102,9 × 76,8 cm
MUSÉE MATISSE, NICE

The large compositions featuring gouache cut-outs were to occupy Matisse throughout his final years. In 1952, he spent several months working on the *Blue Nudes*, a series on the theme of the figure, a seminal motif in Matisse's art. With a striking economy of means – paper cut-outs painted with blue gouache – the ensemble comprises four variations in posture. The numbers attributed to these *Blue Nudes* probably indicated the order in which they were produced. We do know, however, that *Blue Nude IV*, although it was finished last, was actually the first of the series. This key indication sums up the essence of Matisse's creative process: the initial idea was to condition the very existence of the works.

Chronologie
Chronology

« Je me suis inventé en considérant
d'abord mes premières œuvres.
Elles trompent rarement. J'y ai trouvé
une chose toujours semblable que je crus
à première vue une répétition mettant
de la monotonie dans mes tableaux.
C'était la manifestation de ma
personnalité apparue la même quels
que fussent les divers états d'esprit
par lesquels j'ai passé. »

MATISSE

"I invented myself by considering my
early works first of all. They are seldom
unreliable. I discovered something
consistently similar in them which
I initially took to be a repetition
introducing monotony to my pictures.
It was actually the manifestation of my
personality appearing under the same
guise no matter what state of mind
I happened to be in."

MATISSE

1869-1895

Né le 31 décembre 1969 au Cateau-Cambrésis, Henri Matisse étudie le droit et devient clerc d'avoué à Saint-Quentin en 1889. Il commence à peindre au cours d'une longue convalescence. En 1891, Matisse quitte son étude et part pour Paris, où il fréquente l'académie Julian puis l'atelier de Gustave Moreau. Après la naissance de Marguerite en août 1894 (fille de Caroline Joblau), il est admis à l'École des beaux-arts (en 1895) et s'installe au 19 quai Saint-Michel (Paris). La même année, il est élu membre associé du Salon de la Société nationale des beaux-arts, où il expose avec succès.

Born on 31st December 1869 in Le Cateau-Cambrésis, Henri Matisse studied law and in 1889 became a solicitor's clerk in Saint-Quentin. He began painting during a long convalescence. In 1891, Matisse left his firm and made his way to Paris, where he took lessons at the Académie Julian and in Gustave Moreau's studio. Marguerite was born in August 1894 (his daughter with Caroline Joblau). In 1895 he was admitted to the École des Beaux-Arts and moved to 19 quai Saint-Michel (Paris). That same year, he was elected associate member of the Salon de la Société Nationale des Beaux-Arts, where his exhibitions met with considerable success.

1898-1901

À la mort de Gustave Moreau en 1898, il s'inscrit à l'académie Carrière, où il rencontre, entre autres, André Derain. Il voyage dans le sud de la France avec sa femme Amélie Parayre. Durant l'hiver 1898-1899, à Toulouse, il réalise les deux *Natures mortes aux oranges* une des premières occurrences de tableau en paire dans son œuvre (il peint ses premières séries de vues de mer à Belle-Île-en-Mer durant l'été 1897). La conception des deux tableaux témoigne de la formation académique qu'a reçue Matisse. Il a d'abord travaillé à la réalisation d'un tableau portant l'idée première de la peinture – sorte d'esquisse – puis un second tableau qui apparaît plus achevé.
Naissance de son fils Jean en janvier 1899. Matisse achète au marchand Ambroise Vollard *Trois baigneuses* de Cézanne, un plâtre de Rodin, un dessin de Van Gogh et la *Tête de garçon* de Gauguin. Il lit le traité de Signac, *D'Eugène Delacroix au néo-impressionnisme* tout juste paru à *La Revue blanche*.

Matisse expose au Salon des indépendants et chez Berthe Weill, première galeriste à signer un contrat avec lui. Il travaille dans l'atelier du 19 quai Saint-Michel, qu'il partage avec son ami le peintre Albert Marquet. Il réalise une série autour du motif de la vue du Pont Saint-Michel, comme autant de variations selon le temps, la lumière, le cadrage, éléments également saisis par Marquet à de nombreuses reprises. Naissance de son fils Pierre en juin 1900. En 1901, la Galerie Bernheim-Jeune organise la première rétrospective Van Gogh et Matisse expose à la première édition du Salon d'automne.

Following Gustave Moreau's death in 1898, Matisse enrolled in the Académie Carrière, where he met André Derain among others. During the winter of 1899, in Toulouse, while travelling around the South of France with his wife Amélie Parayre, he painted the two *Still Life(s) with Oranges*, one of the first examples of "pairs" in his œuvre (his first experiments appear to date back to the summer of 1897 in Belle-Ile-en-Mer). In their conception these two pictures attest to Matisse's academic training. He started by working on a canvas to illustrate the primary idea of the painting – a form of sketch – and then turned to a second, more accomplished, work.
His son Jean was born in January 1899. Matisse purchased Cézanne's *Three Bathers*, a plaster by Rodin, a drawing by Van Gogh and Gauguin's *Head of a Boy* from the dealer Ambroise Vollard. He read Signac's treatise, *D'Eugène Delacroix au néo-impressionnisme*, which had just been published in *La Revue blanche*.
The Salon des Indépendants showed his work, as did Berthe Weill, the first gallery owner to sign him up. He worked in his quai Saint-Michel studio, which he shared with his friend, the painter Albert Marquet. Taking the view of the Saint-Michel bridge as his motif, he created a series featuring a range of variations in weather, light and framing, which Marquet also captured in a number of his works. Matisse's second son, Pierre, was born in June 1900. In 1901, the Galerie Berheim-Jeune held the first Van Gogh retrospective and Matisse took part in the very first Salon d'Automne.

1904-1908

La Galerie Ambroise Vollard organise en 1904 la première exposition personnelle de Matisse. Il passe l'été à

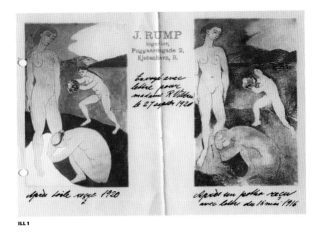
ILL 1

ILL 2

ILL 3

Saint-Tropez, chez Signac, où il rencontre Henri-Edmond Cross. Sous l'influence de ces deux peintres, Matisse peint *Le Goûter* dont nous connaissons plusieurs esquisses préliminaires et *Luxe, calme et volupté* réalisé à l'aide d'un carton. En 1905, *Luxe, calme et volupté* est exposé au Salon des indépendants puis acheté par Signac.

Matisse passe l'été à Collioure avec Derain. Leurs toiles sont présentées au Salon d'automne, aux côtés d'œuvres de Vlaminck, Marquet , etc. dans une salle que le critique d'art Louis Vauxcelles désigne comme «la cage aux fauves». En 1907, Matisse passe à nouveau l'été à Collioure, où il peint *Luxe I*, qui est envoyé au Salon d'automne pour être exposé sous le titre *Le Luxe (esquisse)*. Matisse part avec Leo Stein pour l'Italie, où il découvre les fresques de Giotto à Padoue. À son retour, il réalise une deuxième version de son premier tableau, *Le Luxe II*. Un dessin de dimensions égales aux deux œuvres, réalisé à partir du *Luxe I*, semble avoir été utilisé par Matisse pour reproduire, à l'aide d'une mise au carreau, une composition similaire **(ILL. 1)**.

En 1908, les *Notes d'un peintre* sont publiées dans *La Grande Revue*. Sergueï Chtchoukine commence à collectionner les œuvres de Matisse. L'année suivante, il lui commande deux grands panneaux décoratifs, sorte de pendants: *La Danse* et *La Musique*, qui vont faire scandale.

Grâce à la réussite financière du peintre, la famille Matisse s'installe dans une maison à Issy-les-Moulineaux, où l'artiste fait construire un grand atelier. Matisse signe son premier contrat chez Bernheim-Jeune, qui lui consacre une première rétrospective en 1910. Il se rend à Munich avec Albert Marquet et Hans Purmann pour visiter la grande exposition d'art musulman.

1904 marked Matisse's first solo exhibition, at the Galerie Ambroise Vollard. He spent the summer at Signac's house in Saint-Tropez, where he met Henri-Edmond Cross. Inspired by both these artists, Matisse produced *Afternoon Tea (The Gulf of Saint-Tropez)* – several preparatory sketches of this work are still in existence – and *Luxury, Calm and Pleasure*, executed using the pouncing technique.

In 1905, *Luxury, Calm and Pleasure* featured in the Salon des Indépendants and was bought by Signac. Matisse spent that summer in Collioure with Derain and their canvases were shown at the Salon d'Automne, alongside works by Vlaminck and Marquet, in a room termed by the critic Louis Vauxcelles "la cage aux fauves" [*fauve* means wild beast in French].

In 1907, Matisse once again spent the summer in Collioure, where he painted *Luxury I*, which entered the Salon d'Automne under the heading *Luxury (sketch)*. Matisse travelled to Italy with Leo Stein, discovering Giotto's frescoes in Padua. On his return, he produced a second version of his painting, entitled *Luxury II*. A drawing in the same format as these two works, taken from *Luxury I*, seems to have been used by Matisse to square up a similar composition **(ILL. 1)**.

In 1908, *La Grande Revue* published *Notes d'un peintre*. Sergei Schukin began to collect works by Matisse and the following year commissioned two large decorative panels, *Dance* and its counterpart *Music*, which were to create a scandal.

Matisse's financial success enabled the family to move into a house in Issy-les-Moulineaux, where the artist built a vast studio. He signed his first contract with Bernheim-Jeune, who was to devote a retrospective to him in 1910. He travelled to Munich with Albert Marquet and Hans Purmann to visit the major exhibition on Islamic Art.

1910-1913

Du 16 novembre 1910 au 25 janvier 1911, il part pour le sud de l'Espagne. Son voyage est rythmé par de nombreuses étapes – parmi lesquelles Madrid, Séville, Cordoue, Grenade, Tolède et Barcelone. Lors de son séjour à Séville, il partage un atelier avec le peintre Francisco Iturrino. Pour répondre à une commande de Chtchoukine de deux grandes natures mortes, Matisse peint deux fois, selon deux cadrages différents, le même motif, celui d'un coin de salon richement décoré dans des tons roses vifs (n.m Séville / Espagne). Il se rend ensuite à Moscou pour l'installation des grands panneaux de *La Danse II* et de *La Musique* chez son commanditaire.

De retour à Paris, il peint, à quelques mois d'écart, deux vues de son nouvel atelier, concentration exclusive sur l'intimité de l'artiste **(ILL. 2 ET 3)**. Dans *L'Atelier rose*, réalisé au printemps, Matisse semble avoir pris une distance face au scandale provoqué l'année précédente par *La Danse* et *La Musique*. La place centrale du motif décoratif donnée par la présence de l'étoffe achetée par le peintre à Madrid et les tonalités douces qu'il utilise donnent à voir un intérieur paisible. *L'Atelier rouge*, peint quelques mois plus tard, à l'automne, ouvre quant à lui la voie à un nouveau type d'espace pictural plus abstrait, et renoue avec une attitude plus radicale.

Le 27 janvier 1912, Matisse se rend au Maroc et s'installe quelques mois à Tanger. Le travail de Matisse au Maroc est étroitement lié à l'émergence d'ensembles d'œuvres articulés en triptyques. Entre le 30 janvier et le 14 avril 1912, Matisse réalise la série de vues du jardin de la villa Brooks: *Les Pervenches*, *La Palme* et *Les Acanthes*.

Lors d'un deuxième séjour à Tanger entre le 8 octobre 1912 et la mi-février 1913, Matisse répond à la commande du collectionneur russe Morosov par le fameux triptyque marocain: *Zorah sur la Terrasse*, *Fenêtre à Tanger* et *La Porte de la Casbah*.

À son retour en France, en avril 1913, la Galerie Bernheim-Jeune propose une exposition de ses œuvres récentes où les tableaux sont accrochés trois par trois.

Lorsque Matisse rentre à son atelier d'Issy-les-Moulineaux entre les deux séjours au Maroc, il peint les *Capucines à La Danse I* et *II*. Les deux tableaux sont achetés et exposés l'année de leur réalisation. La première version est achetée par l'historien de l'art Curt Glaser et envoyée aux États-Unis, à l'Armory Show avec 16 autres œuvres de Matisse. Sergueï Chtchoukine qui, lui, a vu *Capucines à La Danse II* dans l'atelier de Matisse lors de son séjour en France en juillet 1912, l'achète et autorise le peintre à l'exposer au Salon d'automne à Paris du 1er octobre au 8 novembre 1912 avant de se faire envoyer l'œuvre à Moscou pour l'intégrer à un ensemble constitué en triptyque, qui comprend également *Conversation* et *Coin de l'atelier*.

From 16th November 1910 to 25th January 1911, Matisse travelled throughout southern Spain, stopping off in a variety of cities such as Madrid, Seville, Cordoba, Granada, Toledo and Barcelona. During his time in Seville, he shared a studio with the painter Francisco Iturrino. For Schukin's commission of two large still lifes, Matisse used the same motif, a lavishly decorated drawing-room in bright pink hues (*Seville Still Life* and *Spanish Still Life*), but applied two different framing techniques to each one. He then travelled to Moscow to supervise the installation of his large panels, *Dance II* and *Music*, in Schukin's mansion.

Back in Paris, he focused on his private life by depicting two scenes in his new studio within a few months of each other **(ILL. 2 AND 3)**. In *The Pink Studio*, painted in the spring, Matisse seems to have distanced himself from the scandal caused by *Dance* and *Music* the previous year. The central axis of the decorative motif – a fabric bought by the artist in Madrid

1. Lettre datée de 1920 avec des photographies de *Luxe I* et *II* de Johannes Rump et Charles Vildrac

2. *L'Atelier rose*, Issy-les-Moulineaux, printemps 1911 Huile sur toile, 179,5 × 211 cm Musée d'État des beaux-arts Pouchkine, Moscou Ancienne collection Sergueï Chtchoukine

3. *L'Atelier rouge*, Issy-les-Moulineaux, automne 1911 Huile sur toile, 181 × 219,1 cm The Museum of Modern Art, New York Mrs Simon Guggenheim Fund

ILL 4

ILL 5

ILL 6

– and the use of warm tones lend a serene atmosphere to this work. *The Red Studio*, painted a few months later, in the autumn, harked back to a more radical attitude, paving the way for a new, increasingly abstract form of pictorial space. On 27th January 1912, Matisse left for Morocco, spending several months in Tangier. Matisse's work in Morocco is inextricably linked to the emergence of ensembles presented in the form of triptychs. Between 30th January and 14th April 1912, he produced the series featuring the Brooks Villa garden: *Periwinkles, Palm Leaf* and *Acanthus*.

During his second visit to Tangier, between 8th October 1912 and mid-February 1913, Matisse accepted a commission from the Russian collector Morosov and created the famous Moroccan triptych *Zorah on the Terrace, Window in Tangier* and *The Casbah Gate*.

On his return to France in April 1913, the Galerie Berheim Jeune launched an exhibition of his recent works, in which the paintings were hung three by three.

Between his two visits to Morocco, Matisse painted *Nasturtiums with the Painting "Dance I and II"*, in his Issy-les-Moulineaux studio. The two canvases were bought and exhibited within the year of their creation. The first version was purchased by the art historian Curt Glaser and sent to the Armory Show in the United States, along with sixteen other works by Matisse. Sergei Schukin bought *Nasturtiums with the Painting "Dance" II*, which he had seen in Matisse's studio during his visit to France in July 1912, but allowed the artist to show it at the Salon d'Automne in Paris from 1st October to 8th November 1912, before having it sent to Moscow to form part of a triptych comprising the two canvases *Conversation* and *Corner of the Artist's Studio*.

1914-1916

Matisse s'installe à nouveau au 19 quai Saint-Michel. Il écrit à son ami Simon Bussy : « Cher Ami, Nous n'irons pas à Tanger cet hiver. Nous le passerons au quai St-Michel où nous avons pris l'appartement placé immédiatement sous mon ancien atelier. C'est un grand plaisir pour nous d'avoir de nouvelles sensations dans un milieu familier » (D. Fourcade, I. Monod-Fontaine (dir.), *Henri Matisse, 1904-1917*, cat. exp., Paris, Éd. du Centre Pompidou, 1993, p. 111). Il peint deux vues de Notre-Dame, qu'il observe depuis sa fenêtre, selon

deux approches stylistiques et esthétiques antinomiques. Il réalise au même moment *Intérieur, bocal de poissons rouges*. En juillet 1914, Michael et Sarah Stein envoient 19 toiles de Matisse à Berlin, où est organisée une exposition « Henri Matisse, Sammlung der Hernn Michael und Sarah Stein » au Kunstsalon Fritz Gurlitt. À la déclaration de guerre entre l'Allemagne et la France, les tableaux sont confisqués et vendus trois ans plus tard.

Matisse tente sans succès d'être enrôlé dans l'armée. Il est maintenu dans le service auxiliaire du fait de son âge et de sa situation familiale. Il se réfugie à Collioure, où il retrouve le peintre Juan Gris, qui écrit à Kanhweiler : « Je vois souvent Matisse. Nous parlons de peinture avec acharnement tandis que Marquet écoute en traînant ses pieds » (Archives Kanhweiler-Leiris Paris, cité dans Fourcade/Monod-Fontaine 1993, *op. cit.*, p. 114).

De retour à Paris, il peint *Poissons rouges et palette* offrant une deuxième interprétation plus radicale et introspective à son *Intérieur, bocal de poissons rouges* réalisé quelques mois plus tôt. Il réalise également une série de portraits de sa fille Marguerite dont l'un est nettement marqué par le cubisme de Juan Gris.

À la fin de l'année 1916, il peint *Lorette sur fond noir* puis un autoportrait, *Le Peintre dans son atelier*, dans lequel il se met en scène peignant ce premier tableau dans un jeu de répétition du motif et de mise en abyme de sa propre peinture.

Matisse réalise durant la guerre les deux toiles *Les Pommes sur la table* et *Les Pommes* (été-automne 1916) qui forment une paire, et qui seront achetées ensemble par la Galerie Bernheim-Jeune le 13 novembre 1916.

Durant l'été 1916, après de brefs séjours à Marseille et à Nice, Matisse travaille à *La Leçon de piano* et au printemps de l'année suivante, il commence son pendant opposé, *La Leçon de musique* **(ILL. 4 ET 5)**. Il écrit à son ami Charles Camoin : « J'ai beaucoup travaillé ces temps-ci. Je viens de faire une grande toile de plus de 2 m sur 2 m, et celle qui était dans mon salon avec "Pierre au piano" – que j'ai reprise sur une autre toile en y joignant son frère, sa sœur et sa mère » (Archives Camoin, cité dans Giraudy, 1971, p. 20 et Fourcade/Monod-Fontaine 1993, *op. cit.*, p. 122).

Dans son atelier d'Issy-les-Moulineaux, il peint deux natures mortes en parallèle : *Nature morte au lierre* et *Sculpture et vase de lierre*, dans lesquelles il met en scène sa propre sculpture *Nu couché I* au milieu d'un vase et de fruits.

Matisse moved back to 19 quai Saint-Michel, writing to his friend Simon Bussy: "Dear Friend, We shall not be going to Tangier this winter. We will be spending it in the quai Saint-Michel, where we have taken an apartment right underneath my old studio. It is such a delight for us to experience new sensations in a familiar environment." (Archives Bussy, Bibliothèque du Musée du Louvre, quoted in D. Fourcade, I. Monod-Fontaine (ed.), *Henri Matisse, 1904-1917*, exh. cat., Paris, Éditions du Centre Pompidou, 1993, p. 111). He painted two views of Notre-Dame from his window, drawing on two opposing stylistic and aesthetic approaches. During this period, he also produced *Interior with a Goldfish Bowl*.

In July 1914, Michael and Sarah Stein sent nineteen canvases by Matisse to Berlin, which was hosting the exhibition "Henri Matisse, Sammlung der Hernn Michael und Sarah Stein" at the Kunstsalon Fritz Gurlitt. When war broke out between Germany and France, the pictures were confiscated and sold three years later.

Matisse tried unsuccessfully to join up but was consigned to the auxiliary service on account of his age and family commitments. He sought refuge in Collioure, meeting up with the painter Juan Gris, who wrote to Kahnweiler: "I often see Matisse. We talk heatedly about painting, while Marquet listens, shuffling his feet." (Archives Kahnweiler-Leiris Paris, quoted in Fourcade/Monod-Fontaine 1993, *op. cit.*, p. 114). Back in Paris, he painted *Goldfish and Palette*, a new, more radical and introspective slant on the earlier *Interior with a Goldfish Bowl*. He also produced a series of portraits of his daughter Marguerite, one of which clearly bore the Cubist hallmark of Juan Gris.

In late 1916, he painted *Lorette with a Green Dress, Black Background*, followed by a self-portrait, *The Painter in his Studio*, in which he portrayed himself painting the former in a play on repetition of motif and a *mise en abyme* of his own work. During the war, in summer and autumn 1916, Matisse produced a pair of canvases, *Apples on a Table, Green Background* and *Apples*, both purchased by the Galerie Bernheim-Jeune on 13th November 1916.

During the summer of 1916, following brief trips to Marseille and Nice, he worked on *The Piano Lesson* and in the following spring, started work on its counterpart, *The Music Lesson* **(ILL. 4 AND 5)**.

In a letter to his friend Charles Camoin, he wrote: "I have been working a great deal recently. I have just produced a large canvas, over 2 meters by 2 meters, and one depicting

ILL 4. *La Leçon de piano,*
Issy-les-Moulineaux, été 1916
Huile sur toile, 245,1 × 212,7 cm
The Museum of Modern Art,
New York
Mrs Simon Guggenheim Fund

ILL 5. *La Leçon de musique,*
Issy-les-Moulineaux,
printemps 1917
Huile sur toile, 244,7 × 200,7 cm
Barnes Foundation, Merion

ILL 6. *L'Étang de Trivaux,*
environs d'Issy-les-Moulineaux,
printemps-été 1917
Huile sur toile, 92,7 × 74,3 cm
Tate
Purchase C. Frank Stoop, 1933

ILL 7. *Coup de soleil, les bois
de Trivaux,* environs
d'Issy-les-Moulineaux,
printemps-été 1917
Huile sur toile, 91 × 74 cm
Collection particulière

ILL 7

ILL 8

ILL 9

'Pierre at the Piano' that was hanging in my drawing-room – which I have resumed, adding his brother, his sister and his mother." (Archives Camoin, quoted in Giraudy, 1971, p. 20 and Fourcade/Monod-Fontaine 1993, *op. cit.*, p. 122).
In his studio at Issy-les-Moulineaux, he painted two still lifes simultaneously, *Still Life with Ivy* and *Sculpture and Vase of Ivy*, in which he featured his own sculpture, *Reclining Nude I*, surrounded by a vase and fruit.

1917-1920

Dans les environs d'Issy-les-Moulineaux, Matisse peint de manière concomitante deux paysages suivant deux systèmes picturaux radicalement différents. De mêmes dimensions et dans des gammes de couleurs très proches, *L'Étang de Trivaux* de facture naturaliste et *Coup de soleil bois de Trivaux* (ILL. 6 ET 7) qui en est une version quasi abstraite, illustrent la dualité qui anime sans cesse Matisse.
À l'automne 1917, Matisse part pour le Midi. Il s'installe d'abord à Marseille, où il fréquente Albert Marquet et Georges Besson. En décembre, il arrive à Nice, où il séjourne à l'hôtel Beau Rivage au 107 quai du Midi (aujourd'hui quai des États-Unis). Sa chambre offre une vue sur la baie des Anges et la promenade des Anglais. Il retrouve son fils Jean mobilisé sur la base militaire d'Istres. À la fin de l'année, il rend visite à Auguste Renoir à Cagnes-sur-Mer. Il peint plusieurs vue de sa chambre dont l'*Intérieur au violon*.
Au début de l'année 1918, il loue un appartement vide au 105 quai du Midi. Ses enfants Pierre et Marguerite arrivent de Paris pour l'aider à emménager. Matisse peint la série de portraits de sa fille, *Mlle Matisse en manteau écossais*, avant qu'elle ne reparte pour Paris. Pierre, lui, reste. Matisse peint *Le Violoniste à la fenêtre*.
Préoccupé par l'état de santé de sa fille Marguerite qui a subi durant les deux années précédentes plusieurs traitements médicaux lourds, Matisse décide de passer l'été en Normandie, à Étretat, en sa compagnie. Dans la lignée de Monet qui peignit, en 1885, une série des falaises sous différentes lumières, Matisse réalise une série de trois tableaux, empruntant le même point de vue.
Le 15 octobre 1920, l'exposition des œuvres récentes de Matisse à la Galerie Bernheim-Jeune est immédiatement saluée comme l'un des événements artistiques majeurs de la saison. Les œuvres peintes à Étretat sont, pour la plupart, vendues en quelques semaines.

On the outskirts of Issy-les-Moulineaux, Matisse painted two landscapes concomitantly, using two radically different pictorial systems. Identical in size and with a very similar colour spectrum, the naturalist *Trivaux Pond* and *Shaft of Sunlight, the Woods of Trivaux* (ILL. 6 AND 7), its almost abstract counterpart, illustrate the duality that constantly drove Matisse.
In the autumn of 1917, Matisse left for the South of France. He settled first in Marseille, spending time with Albert Marquet and Georges Besson. Then, in December, he moved to Nice, where he stayed at the Beau Rivage Hotel, situated at 107 quai du Midi (now the quai des États-Unis). His room overlooked the Baie des Anges and the Promenade des Anglais. He met up with his son Jean, who was stationed at the military base in Istres. At the end of the year, he visited Auguste Renoir in Cagnes-sur-Mer, making a number of paintings of his room, including *Interior with a Violin*.
In early 1918, he rented an unfurnished apartment at 105 quai du Midi. His children Pierre and Marguerite travelled from Paris to help him move in. Before her return to Paris, Matisse painted a series of portraits of his daughter, *Mlle Matisse in a Scotch Plaid Coat*. Pierre stayed on in Nice.
Matisse painted *Violinist at the Window*.
Anxious about Marguerite, whose state of health had led to two years of gruelling medical treatment, Matisse decided to spend the summer with her in Normandy, at Étretat. In the wake of Monet, who had painted a series in 1885 depicting the cliffs in different lights, Matisse completed a series of three paintings featuring the same view.
On 15th October 1920, the exhibition of Matisse's recent works at the Galerie Bernheim-Jeune was immediately hailed as one of the major artistic events of the season. Most of the works painted in Étretat were sold within weeks.

1921-1936

À partir de 1921, il vit la moitié de l'année à Nice et l'autre moitié à Paris.
Son œuvre est marquée par un retour à des scènes d'intérieurs, des odalisques et des natures mortes richement composées selon un style naturaliste nouveau. Les deux natures mortes *Nature morte, nappe rose, vase d'anémones, citrons et ananas* et *Nature morte (ananas, compotier, vase d'anémones)*, réalisées en 1925, en sont l'illustration.
En 1927, Matisse reçoit le prix Carnegie, et Pierre Matisse organise une exposition des toiles de son père à New York. Dans les années 1931-1932, au début de son travail sur *La Danse*, œuvre monumentale, commande d'Alfred Barnes pour sa fondation à Philadelphie, Matisse engage un photographe. Il va dès lors utiliser régulièrement la photographie qui va devenir progressivement un élément important du processus de création. À cette époque, Lydia Delectorskaya devient son assistante.
En novembre 1936, elle pose pour une série de quatre nus au fauteuil dont on connaît les dates de réalisations exactes. *Nu dans un fauteuil, plante verte* et *Femme nue drapée* datent respectivement des 3 et 5 novembre et des 6 et 7 novembre (ILL. 8 AND 9). Les deux autres, *Nu au fauteuil à l'écharpe grise* et *Nu au fauteuil fond bleu* ont été réalisés les 9 et 10 novembre et du 16 novembre au 6 décembre. Quelque mois avant de débuter cet ensemble Matisse avait décrit sa démarche ainsi : « La réaction d'une étape est aussi importante que le sujet. Car cette réaction part de moi et non du sujet. C'est à partir de mon interprétation que je réagis continuellement jusqu'à ce que mon travail se trouve en accord avec moi. Comme quelqu'un fait sa phrase, il retravaille, il redécouvre... À chaque étape, j'ai un équilibre, une conclusion. À la séance suivante, si je trouve qu'il y a une faiblesse dans mon ensemble, je me réintroduis dans mon tableau par cette faiblesse – je rentre par la brèche – et je reconçois le tout » (Tériade, *Écrits sur l'art*, Paris, Adam Biro, 1996, p. 478).

From 1921 on, Matisse spent half the year in Nice and the other half in Paris.
During this period, his work was characterised by a return to interiors, odalisques and still lifes, lavishly composed in a new naturalist style. The two still lifes *Still Life, pink tablecloth, vase of anemones, lemons and pineapple* and *Still Life (pineapple, bowl, fruit, vase of anemones)*, created in 1925, epitomise this.
In 1927, Matisse was awarded the Carnegie Prize and Pierre Matisse held an exhibition of his father's canvases in New York. In 1931-1932, as he was starting work on his monumental *Dance*, commissioned by Alfred Barnes for his foundation in Philadelphia, Matisse hired a photographer. From that point on, he frequently had recourse to photography, which gradually became a key element in the creative process. At the

ILL 8. *Femme nue drapée*, Nice, 6 et 7 novembre 1936, huile sur toile, 46 × 38 cm. Tate. Purchase, 1959

ILL 9. *Nu dans un fauteuil, plante verte*, Nice, 3 et 5 novembre 1936, huile sur toile, 72,5 × 60,5 cm Musée Matisse, Nice. Legs de Mme Henri Matisse, 1960

ILL 10

ILL 11

ILL 12

ILL 13

same time, Lydia Delectorskaya became his assistant. In November 1936 she posed for a series of four nudes in an armchair, for which we have the precise dates. *Nude Sitting in an Armchair* was painted on 3rd and 5th November and *Draped Nude* on 6th and 7th November. The other two, *Nude Sitting in an Armchair with Grey Scarf* and *Nude with Armchair, Blue Background* were painted on 9th and 10th November and between 16th November and 6th December. A few months before embarking on this project, Matisse had described his approach in the following terms: "The reaction to a stage is as important as the subject-matter. Because this reaction stems from me and not from the subject. It is my interpretation that triggers a constant reaction, until the work and I find ourselves in harmony. Like someone composing a sentence, rearranging it, rediscovering it... At every stage, I find an equilibrium, a conclusion. And at the next session, if I think the end result contains a weakness, I slip back into the canvas through this weakness – I slide through the crack – and rethink the whole thing" (Tériade, *Écrits sur l'art*, Paris, Adam Biro, 1996, p. 478).

1937-1939

En 1937, Massine commande à Matisse les décors et les costumes de *Rouge et noir* pour les ballets russes. Durant les mois de février et d'avril 1937, Lydia Delectorskaya pose pour Matisse habillée d'une robe bleue confectionnée par ses soins à partir d'un tissu acheté par l'artiste (ILL. 10). Pendant la réalisation de ce tableau, *La Grande robe bleue*, Matisse en peint une autre version, *Robe bleue devant la cheminée*, les 1er, 4 et 5 mars. Les états photographiques permettent de comprendre le processus d'élaboration des deux œuvres aux compositions de départ très proches. En juillet, elles sont présentées à l'exposition des œuvres récentes organisée chez Paul Rosenberg.
Matisse part pour Nice à nouveau où il peint l'ensemble qui s'articule autour d'un travail sur la ligne et le cadrage : *La Robe rayée* réalisée en seulement quelques jours (15-26 janvier) et *Le Bras* travaillé plusieurs fois et achevé six mois plus tard (1er juin 1938) (ILL. 11 ET 12).
De retour à Paris, Matisse occupe un atelier villa des Plantes, où il réalise en juillet et en août 1939 *Les Marguerites* et *Liseuse sur fond noir*. Dans un jeu complexe de répétition du

motif et de réflexivité de la peinture, Matisse installe une dualité entre réalité et picturalité. Ces confrontations sont rejouées dans cette photographie de Brassaï montrant le modèle en train de poser, tous les éléments du motif en place et la toile en cours d'élaboration sur le chevalet (ILL. 13).

In 1937, Massine asked Matisse to design the sets and costumes for the Ballet Russe's production of *Red and Black*.
In February and April that same year, Lydia Delectorskaya posed for Matisse wearing a blue dress she had made out of fabric bought by the artist (ILL. 10). While creating this work, entitled *Large Blue Dress and Mimosa*, Matisse painted another version, *Blue Dress, profile in front of fireplace with marigolds*, on 1st, 4th and 5th March. The photographic accounts enable one to follow the creative development of these two works, whose compositions were initially very close. In July, they featured in an exhibition of Matisse's recent works at the Galerie Paul Rosenberg.
Matisse set off for Nice once again, where he painted an ensemble revolving around line and framing, *The Striped Dress*, which he completed in only a few days (15th–26th January 1938), and *The Arm*, which he reworked several times and finished six months later, on 1st June (ILL. 11 AND 12).
On his return to Paris, Matisse took over a studio in the Villa des Plantes, where he painted in July and August 1939 *Daisies* and *Woman Reading, Black Background*. In a complex play on the repetition of motif and the reflexivity of painting, Matisse introduced a duality between the real and the pictorial. These confrontations reoccur in a photograph by Brassaï showing the model posing with all the components of the motif in position and the work-in-progress on the easel (ILL. 13).

1940-1945

Matisse quitte Paris pour Bordeaux pendant l'exode. Il séjourne à Ciboure, puis rentre à Nice au mois d'octobre. Il réalise les deux portraits *La Blouse roumaine* et *Le Rêve*, qui restent longtemps accrochés au mur de son atelier (ILL. 14). Les seize états photographiques de la *Blouse roumaine* et les 16 de son pendant *Le Rêve*, tous datés, sont le témoin d'un long travail de conception, et révèlent l'importance de ce nouveau procédé utilisé par Matisse.

During the Occupation, Matisse left Paris for Bordeaux. He stayed in Ciboure, then returned to Nice in October 1940, where he painted the two portraits *The Romanian Blouse* and *The Dream*, which remained hanging on the wall of his

Pour *Nature morte au coquillage*, réalisé la même année, Matisse utilise de nouveau la photographie pour conserver la trace d'un résultat qu'il juge satisfaisant, mais il introduit également un nouvel élément : les papiers gouachés et collés. La photographe Hélène Adant photographie les objets mis en scène par Matisse pour sa peinture (ILL. 15).
L'année suivante, en 1941, il réalise *Nature morte au magnolia*. Les nombreux dessins et les photographies d'états indiquent à nouveau le processus rigoureux de la conception de l'œuvre.

Il effectue dans sa chambre-atelier de l'hôtel Regina à Nice 17 séries dessins toutes reproduites dans le recueil *Thèmes et variations* qui paraît en 1943 précédé d'un texte de Louis Aragon. Cet ensemble de 152 dessins constitue un aboutissement conceptuel du procédé et la mise en exergue d'une gestualité et d'un automatisme très nouveaux.
Craignant les risques de bombardement à Nice, Matisse s'installe à Vence dans la villa « Le Rêve », où il réalise une très belle série de peintures d'*Intérieurs* de Vence. Parallèlement, il développe la technique des papiers gouachés découpés.
En 1944, suite à leur engagement dans la Résistance, son épouse Amélie est emprisonnée et sa fille Marguerite, qui échappe de peu à la déportation.
De retour à Paris en 1945, Matisse est célébré comme un des artistes français majeurs aux côtés de Picasso. Les musées nationaux lui achètent (entre autres) de *Nature morte au Magnolia* et *Liseuse sur fond noir*, et plusieurs expositions importantes lui sont consacrées. Trente-sept tableaux de Matisse sont présentés au Salon d'automne à Paris du 28 septembre au 29 octobre. Plusieurs « paires » sont exposées comme *La Blouse Roumaine* et *Le Rêve* et *Les Marguerites* et *La Liseuse sur fond noir*. En décembre, Matisse expose à la Galerie Maeght huit tableaux récents, dont *La Blouse roumaine*, *le Rêve*, *Nature morte au magnolia* et *Nature morte au coquillage* entourés des états photographiques des œuvres en cours, agrandis et encadrés (ILL. 16). Cette manifestation didactique et quasi conceptuelle voulue par Matisse lui-même témoigne de l'importance qu'il porte au cheminement de l'élaboration de ses œuvres et à leur genèse.

During the Occupation, Matisse left Paris for Bordeaux. He stayed in Ciboure, then returned to Nice in October 1940, where he painted the two portraits *The Romanian Blouse* and *The Dream*, which remained hanging on the wall of his

ILL 10. Lydia Delectorskaya.
Photo : Henri Matisse.
Archives Henri Matisse

ILL 11. *La Robe rayée*,
Nice, place Charles Félix,
15 et 26 janvier 1938
Huile sur toile, 46 × 38 cm
Albertina, Vienne
Batliner Collection

ILL 12. *Le Bras*,
Nice, place Charles Félix
janvier-juin 1938
Huile sur toile, 46 × 38 cm
Collection particulière, Zurich

ILL 13. Modèle posant
pour *La Liseuse* dans l'atelier
de Matisse, vers 1939.
Photo Brassaï.
Collection particulière

ILL 14

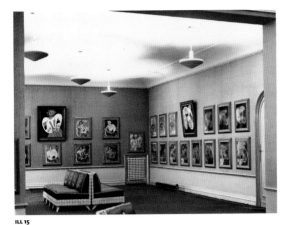
ILL 15

ILL 16

ILL 17

studio for some considerable time (ILL. 14). The sixteen photographic accounts of *The Romanian Blouse* and the fourteen devoted to its counterpart, *The Dream*, all of which are dated, chart the works' lengthy period of conception and illustrate the importance of this new technique to Matisse. In *Still Life with Shell*, produced the same year, Matisse used photography once again to keep a record of the results which pleased him. He also introduced a new element: pasted gouache-painted paper. The photographer Hélène Adant took pictures of the arrangement of objects Matisse had laid out for his paintings (ILL. 15).

The following year, he created *Still Life with Magnolia*. The rigorous process underpinning the conception of this work is once again captured in a number of drawings and photographic accounts.

In his studio/apartment at the Hotel Regina in Nice he produced seventeen series of drawings, all reproduced in *Themes and Variations*, which was published in 1943 and prefaced by Louis Aragon. This ensemble of 152 drawings represented the conceptual culmination of the process and highlighted an unprecedented gestuality and automatism.

With the Italian army threatening to invade Nice, Matisse moved to Vence and stayed in the villa "Le Rêve", where he produced a very fine series of paintings of *Interiors*. At the same time, he developed his gouache paper cut-out technique.

In 1944, having joined the Resistance, his wife Amélie was imprisoned and his daughter Marguerite only narrowly missed deportation.

On his return to Paris in 1945, Matisse was hailed as one of France's greatest living artists, alongside Picasso. The Musées Nationaux bought *Still Life with Magnolia* and *Woman Reading, Black Background*, among others, and several major exhibitions were devoted to him. Thirty-seven pictures were shown at the Salon d'Automne in Paris from 28th September to 29th October, including several pairs, such as *The Romanian Blouse* and *The Dream* or *Daisies* and *Woman Reading, Black Background*.

In December, Matisse showed eight recent pictures at the Galerie Maeght, including *The Romanian Blouse*, *The Dream*, *Still Life with Magnolia* and *Still Life with Shell*, surrounded by the photographic accounts of the works-in-progress, enlarged and framed (ILL. 16). This didactic, almost conceptual event, instigated by Matisse himself, shows how much he valued the process of elaboration and the genesis of his works.

1946-1949

Matisse travaille à l'élaboration de la chapelle de Vence commandée par les dominicains.

Ayant quasiment renoncé à la peinture pour se consacrer entièrement à ses gouaches découpées et à ses travaux décoratifs, Matisse se remet à la peinture (délaissée en 1943), pour des scènes d'intérieur travaillées en « paires » ou « ensembles » et qui comptent parmi ses chefs-d'œuvre : *Atelier en rouge de Venise* et son pendant l'*Intérieur jaune et bleu* (ILL. 17), *La Fougère noire* et l'*Intérieur au rideau égyptien* et enfin, l'ensemble du *Grand intérieur rouge* dans lequel Matisse représente deux de ses œuvres, *L'Ananas* et l'encre *Intérieur à la fenêtre au palmier*. La plus grande partie de la production de Vence est présentée en 1949 à l'occasion d'une grande exposition « Matisse » au Musée national d'art moderne de Paris.

Matisse began work on the Vence Chapel, at the request of the Dominicans.

Having almost given up painting in 1943 in favour of his gouache cut-outs and decorative works, Matisse now returned to it, featuring interiors either produced in "pairs" or in "ensembles", some of which are considered masterpieces: *Interior in Venetian Red* and its counterpart *Interior in Yellow and Blue* (ILL. 17), *The Black Fern* and *Interior with Egyptian Curtain* and finally *The Big Red Studio*, in which Matisse features two of his works, *Pineapple* and the ink *Interior with a Window and Palm Tree*. The major part of his Vence output was presented in 1949 to mark the major exhibition, "Matisse", at the Musée National d'Art Moderne in Paris.

1950-1954

En 1950, Matisse gagne le prix de la XXVe Biennale de Venise. En 1951, le premier directeur du MoMA, Alfred H. Barr, publie *Matisse. His Art and His Public*. En 1952, la Chapelle du Rosaire est inaugurée à Vence et Matisse réalise les *Nus bleus*, dernier exemple d'une articulation en série de quatre œuvres qui offre un raccourci magistral d'une quête de simplification de la forme, d'une expression essentielle et décorative.

La même année, un musée Matisse est créé au Cateau-Cambrésis. En 1954, reprenant la même démarche que

l'exposition de la Galerie Maeght en 1945, la National Gallery of Canada à Ottawa propose une exposition « Matisse, Sculptures, Paintings, Drawings », où les trois peintures *Nature morte au coquillage*, *Le Rêve* et *Nature morte au magnolia* sont présentées avec leurs dessins préparatoires et leurs états photographiques successifs.

Matisse s'éteint le 3 novembre 1954 à Nice.

In 1950, Matisse won the 25th Venice Biennial Award.

In 1951, the first director of MoMA, Alfred H. Barr, published *Matisse. His Art and His Public*. In 1952, the Rosary Chapel was inaugurated in Vence and Matisse produced his *Blue Nudes*, the ultimate example of a four-work series encapsulating a remarkable synthesis of his quest into simplification of form and essential, decorative expression.

A Matisse museum opened that same year, at Le Cateau-Cambrésis. In 1954, in a similar vein to the Galerie Maeght exhibition in 1945, the National Gallery of Canada in Ottawa held an exhibition entitled "Matisse. Sculptures, Paintings, Drawings", in which the three paintings *Still Life with Shell*, *The Dream* and *Still Life with Magnolia* were shown alongside their preparatory drawings and successive photographic accounts.

Matisse died on 3rd November 1954 in Nice.

ILL 14. *La Nature morte au coquillage*, reconstitution approximative, vers 1945. Photo : Hélène Adant. Centre Pompidou, Bibliothèque Kandinsky, Paris

ILL 15. Vue de l'exposition « Henri Matisse, peintures, dessins, sculptures » à la Galerie Maeght, décembre 1945. Photo : Marc Vaux. Centre Pompidou, Bibliothèque Kandinsky, Paris

ILL 16. *Intérieur rouge de Venise*, Vence, villa Le Rêve, hiver-printemps 1946, huile sur toile, 92 × 65 cm. Musées royaux des beaux-arts de Belgique, Bruxelles

ILL 17. *Intérieur jaune et bleu*, Vence, villa Le Rêve, hiver-printemps 1946, huile sur toile, 116 × 81 cm. Centre Pompidou, Musée national d'art moderne, Paris. Achat de l'État, 1947

Centre national d'art et de culture Georges Pompidou

Le Centre national d'art et de culture Georges Pompidou est un établissement public national placé sous la tutelle du ministère chargé de la culture (loi n° 75-1 du 3 janvier 1975).

Président / President
Alain Seban

Directrice générale / Managing Director
Agnès Saal

Directeur / Director
Musée national d'art moderne – Centre de création industrielle
Alfred Pacquement

Directeur / Director
Département du développement culturel
Bernard Blistène

Président / President
Association pour le développement du Centre Pompidou
Jack Lang

Président / President
Société des Amis du Musée national d'art moderne
Jacques Boissonnas

Exposition / Exhibition

Commissaire / Curator
Cécile Debray

Chargée de recherches et coordination /
Exhibition Coordinator and Curatorial Assistant
Elsa Urtizverea

Chargées de production /
Production
Cathy Gicquel

Architecte-scénographe /
Architect and Scenographer
Laurence Fontaine

Album / Album

Album réalisé à l'occasion de l'exposition « Matisse. Paires et séries » présentée au Centre Pompidou, Paris, Galerie 2, du 7 mars au 18 juin 2012
Album published to coincide with the exhibition "Matisse. Paires et séries" held at the Centre Pompidou, Paris, Galerie 2, 2ᵗʰ March–18ᵗʰ June 2012

Direction d'ouvrage et textes /
Editor and Author
Elsa Urtizverea

Relecture /
Copy Editor
Jeanne Alechinsky, Amarante Szidon

Traduction du français /
Translation from French
Caroline Taylor-Bouché

Graphisme /
Graphic Design
Aurore Jannin

Fabrication /
Production
Martial Lhuillery

Direction des Éditions / Publications Department

Directeur / Director
Nicolas Roche

Directeur adjoint, chef du service éditorial /
Deputy Director, Head of the Editorial Unit
Jean-Christophe Claude

Responsable du pôle éditorial / Editorial Unit
Françoise Marquet

Service iconographique et gestion des droits /
Image and Rights Management
Claudine Guillon

Chef du service commercial / Director of the Sales Unit
Marie-Sandrine Cadudal

Responsable du pôle commercial / Sales Unit
Benoît Collier

Responsable du pôle ventes et stock / Sales Administration
Josiane Peperty

Gestion administrative et financière / Administration and Finance
Pôle dépenses / Expenditures
Nicole Parmentier
Pôle recettes / Revenues
Matthias Battestini

En couverture: Henri Matisse, *La Blouse roumaine*, 1939-1940, huile sur toile, 92 × 73 cm, Centre Pompidou, Musée national d'art moderne, Paris; *Le Rêve*, 1940, huile sur toile, 81 × 65 cm, collection particulière

© Succession H. Matisse, 2012, pour les œuvres de l'artiste

© Éditions du Centre Pompidou, Paris, 2012
ISBN: 978-2-84426-556-2
N° d'éditeur: 1479
Dépôt légal: février 2012
Achevé d'imprimer, le 06 février 2012
sur les presses de l'imprimerie Artegrafica/Groupe Graphicom à Vérone. Imprimé en Italie.

Cette exposition a bénéficié du soutien de / The exhibition is sponsored by

Sources des citations

P. 2: Cité dans Hans Purrmann, « From the Workshop of Henri Matisse », *The Dial*, vol. 73, juillet 1922, p. 36.
P. 42: Lettre de Matisse à Pallady, 7 décembre 1940 dans Henri Matisse, *Écrits et propos sur l'art*, présentés par Dominique Fourcade, Paris, Hermann, coll. « Savoirs », 1992, p. 186
P. 44: François Campaux, *Un grand peintre français. Henri Matisse*, documentaire, 26', 1946.
P. 47: Lettre de Matisse à Pierre Matisse, 12 février 1945, Archives de la Galerie Pierre Matisse, New York, Pierpont Morgan Library; copie aux Archives Matisse de Paris.
P. 51: Lettre de Matisse à Rouveyre, 1947 dans Henri Matisse, André Rouveyre, *Matisse–Rouveyre. Correspondance*, éd. par Hanne Finsen, Paris, Flammarion, 2001, p. 446.
P. 54: Matisse, interrogé par Apollinaire dans *La Phalange*, n° 2, 15-18 décembre 1907; repris dans Matisse, *Écrits et propos sur l'art*, éd. par Dominique Fourcade, Paris, Hermann, coll. « Savoirs », 1992, p. 55.

Crédits photographiques

© 2011. Digital image, The Museum of Modern Art, New York/Scala, Florence: 19, 21; © Albertina Wien – Sammlung Baltiner: 58(11); © Baltimore Museum of Art. Photo Miltro Hood: 5, 32; © Bridgestone Museum of Art, Ishibashi Foundation: 22d; © Centre Pompidou, Bibliothèque Kandinsky, Paris. Photo Hélène Adant: 3, 59(14). Photo Bérard (tous droits réservés): 46-47. Photo Marc Vaux: 59(15); © Centre Pompidou, Mnam-Cci/Dist. RMN-GP. Photo DR: 7d, 9, 29, 39, 52d, 53g, 59(17). Photo Philippe Migeat: 10, 23, 27, 30, 45d. Photo Jean-Claude Planchet: couv. g, 20, 40. Photo Jacqueline Hyde: 44. Photo Bertrand Prévost: 49; © Chrysler Museum of Art, Norfolk, Virginia: 25; © Collection Weinberg, Zurich: 58(12); © Estate Brassaï – RMN / photo Michèle Bellot: 59(13); © Fondation Beyeler, Riehen/Bâle. Photo Peter Schibli: 52g; © Fondation Collection E.G. Bührle, Zurich: 6; © Image courtesy National Gallery of Art, Washington: 14; © Kunstmuseum Solothurn Dubi-Müller Stiftung: 18; © Mildred Lane Kemper Art Museum, Washington University in St. Louis: 4; © Musée Matisse, Le Cateau-Cambrésis. Photo Philip Bernard: 22g; © Musée Matisse, Nice. Photo François Fernandez: 53d; © Philadelphia Museum of Art, Philadelphie: 35, 36; © Photo: Moderna Museet/Stockholm: 15; © Santa Barbara Museum of Art: 7g; © SIK-ISEA, Zurich: 8; © SMK Photo: 11, 31. Photo Kathrine Segel: 55(1); © Tate, Londres 2011: 56(6); © The Art Institute of Chicago: 24, 38; © The Barnes Foundation: 56(5); © The Bridgeman Art Library: 43; © The State Hermitage Museum. Photo Vladimir Terebenin, Leonard Kheifets et Yuri Molodkovets: 12, 13; © The Tikanoja Art Museum, Vaasa. Photo Mikko Lehtimäki: 28, 56 (4); DR: 34, 42, 45g; Photos © Archives Henri Matisse: couv. d, 16, 17, 26, 33, 37, 41, 48, 50, 51, 55(2 et 3), 57(8). Photo Ville de Nice – Service photographique: 57(9), 57(7), 59(16). Photo Henri Matisse: 58(10)